Historia Gráfica en español

LA MALDICIÓN DE LA TUMBA DEL FARAÓN TUT

por Michael Burgan

ilustrado por Barbara Schulz

Consultora:
Carolyn Graves Brown
Conservadora, Centro Egipto, Universidad de Gales en Swansea
Swansea, Gales

Capstone
press

Mankato, Minnesota

Graphic Library is published by Capstone Press,
151 Good Counsel Drive, P.O. Box 669, Mankato, Minnesota 56002.
www.capstonepress.com

1 2 3 4 5 6 11 10 09 08 07 06

[Library of Congress Cataloging-in-Publication Data
Burgan, Michael.
   [Curse of King Tut's tomb. Spanish]
   La maldición de la tumba del Faraón Tut/por Michael Burgan; ilustrado por Barbara Schulz.
   p. cm.—(Graphic library. Historia gráfica en español)
   Includes bibliographical references and index.
   ISBN 0-7368-6058-4 (library binding)
   1. Tutankhamen, King of Egypt—Tomb—Juvenile literature. 2. Blessing and cursing Egypt—
Juvenile literature. I. Schulz, Barbara Jo. II. Title. III. Series.
DT87.5.B8318 2006
932'.014—dc22   2005054211

Summary: Follows the discovery and excavation of King Tutankhamen's tomb and the myth
   of the curse that afflicted those involved in the tomb's exploration.

Editor's note: Direct quotations from primary sources are indicated by a yellow background.

Direct quotations appear on the following pages:

Pages 9, 11, 14, from *The Tomb of Tut.ankh.Amen, Discovered by the Late Earl of Carnarvon
   and Howard Carter* by Howard Carter and A. C. Mace (London: Cassell and Company,
   Ltd., 1923).

Page 21, from "Effects of Digestive Disfunction" by Dr. Skye Weintraub
   (http://www.femcentre.com/digestive1.pdf).

Page 22, from *The Complete Tutankhamun: The King, the Tomb, the Royal Treasure*
   by Nicholas Reeves (New York: Thames and Hudson, 1990).

Credits

Art Directors
Jason Knudson
Heather Kindseth

Storyboard Artists
Sandra D'Antonio
Jason Knudson

Colorist
Ben Hunzeker

Editor
Amanda Doering

Spanish Translator
Jessica S. Lilley

Spanish Editor
Elizabeth Millán

Acknowledgment
Capstone Press thanks Philip Charles
Crawford, Library Director, Essex High
School, Essex, Vermont, and columnist
for *Knowledge Quest*, for his assistance
in the preparation of this book.

Índice

CAPÍTULO 1

NACE LA MALDICIÓN DE LA MOMIA

Hace más de 5,000 años, un reino rico y poderoso se desarrolló por el río Nilo en Egipto. Hoy en día, les llaman faraones a los reyes de Egipto.

Al principio, los antiguos egipcios construyeron pirámides donde sepultaron a sus reyes. Después, enterraron a sus reyes en tumbas subterráneas.

Los antiguos egipcios creían que el espíritu de sus reyes seguía viviendo después de la muerte. Las tumbas protegían a los espíritus de los reyes y contenían todo lo que necesitarían en el más allá.

Los egipcios momificaban a sus difuntos para que sus espíritus pudieran regresar a sus cuerpos. Algunos de los órganos del rey fueron extraídos y puestos en jarras que se dejaron en la tumba.

Los sacerdotes egipcios hechizaron al cuerpo del rey muerto. Pusieron piedras preciosas o pedazos de metal en las tiras de tela que envolvieron al cuerpo. Las escrituras en las paredes advirtieron a los profanadores de tumbas.

Que estos hechizos y esta piedra mágica protejan a su espíritu para siempre. Que el gran dios juzgue al que robe de esta tumba.

Londres, 1890

Miles de años después, los europeos descubrieron y exploraron las antiguas tumbas de Egipto. Llevaron momias y artefactos egipcios a Europa.

La gente local me advirtió que no entrara a la tumba. Hablaron de las cosas horribles que les pasan a los profanadores de tumbas. ¡Pero me arriesgué la vida para enseñarles las maravillas de los antiguos faraones!

Por favor, manténganse sentados, vean lo que vean, mientras desenvuelvo la momia.

En el Valle de los Reyes, las tumbas de los reyes estaban enterra[das] profundamente bajo la tierra. Para el año 1909, mucha gente pe[nsaba] que ya se habían encontrado todas las tumbas mayores. Carter n[o estaba] de acuerdo. Quería encontrar la tumba de Tutankhamen, conocid[o como] el Faraón Tut. Tutankhamen gobernó Egipto hace más de 3,000 a[ños].

Hemos estado buscando durante años, Carter. El dinero del lord Carnarvon está por acabarse. No podemos seguir cavando por mucho más tiempo.

Algo aparecerá. Creo que la tumba de Tut está cerca.

¡Hemos[...]

Pa[...] de[...]

UN DESCUBRIMIENTO ASOMBROSO

Tres semanas después, Carter y sus hombres habían vaciado un corredor que los llevó a una puerta precintada. Detrás de esta puerta, había otra puerta precintada que daba paso a la tumba del Faraón Tut. El lord Carnarvon esperó ansiosamente mientras quitaban el yeso.

Han abierto y precintado esta puerta anteriormente. Los profanadores de tumbas han de haberla encontrado hace siglos.

Podría ser que no haya nada adentro.

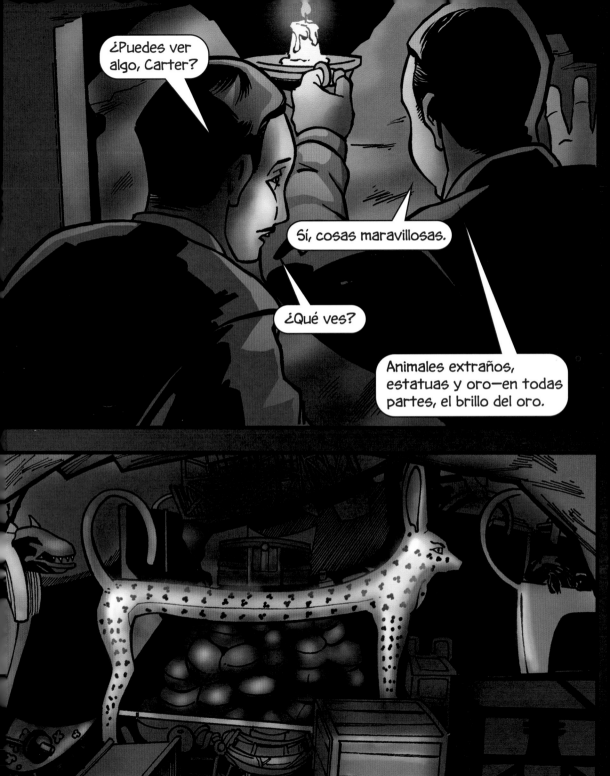

¿Qué crees que estará dentro? ¿Oro? ¿Joyas?

Probablemente sólo polvo de huesos viejos. Ha estado muerto por más de 3,000 años.

He oído que las momias están hechizadas. Deberíamos dejar a los muertos en paz.

La idea de la maldición de una momia se difundió. Los escritores crearon historias de personas que sufrieron horribles muertes después de haber perturbado a una momia. Estas historias no impidieron que los arqueólogos siguieran explorando las tumbas.

Uno de estos científicos era Howard Carter de Inglaterra. A principios del siglo XX, trabajaba en el Valle de los Reyes de Egipto para el lord Carnarvon. El lord Carnarvon estaba muy interesado en los artefactos egipcios.

En el Valle de los Reyes, las tumbas de los reyes estaban enterrados profundamente bajo la tierra. Para el año 1909, mucha gente pensaba que ya se habían encontrado todas las tumbas mayores. Carter no estaba de acuerdo. Quería encontrar la tumba de Tutankhamen, conocido como el Faraón Tut. Tutankhamen gobernó Egipto hace más de 3,000 años.

Hemos estado buscando durante años, Carter. El dinero del lord Carnarvon está por acabarse. No podemos seguir cavando por mucho más tiempo.

Algo aparecerá. Creo que la tumba de Tut está cerca.

¡Hemos encontrado algo!

Parece ser la entrada de una tumba.

El 6 de noviembre de 1922, en el hogar del lord Carnarvon en Inglaterra...

Lord Carnarvon, este mensaje acaba de llegar para usted del Sr. Carter.

Haga mis maletas. ¡Me voy a Egipto!

VICTORBRIT TELEGRAM

POR FIN HEMOS HECHO DESCUBRIMIENTO MARAVILLOSO EN EL VALLE. UNA TUMBA MAGNÍFICA CON SELLOS INTACTOS.

UN DESCUBRIMIENTO ASOMBROSO

Tres semanas después, Carter y sus hombres habían vaciado un corredor que los llevó a una puerta precintada. Detrás de esta puerta, había otra puerta precintada que daba paso a la tumba del Faraón Tut. El lord Carnarvon esperó ansiosamente mientras quitaban el yeso.

Han abierto y precintado esta puerta anteriormente. Los profanadores de tumbas han de haberla encontrado hace siglos.

Podría ser que no haya nada adentro.

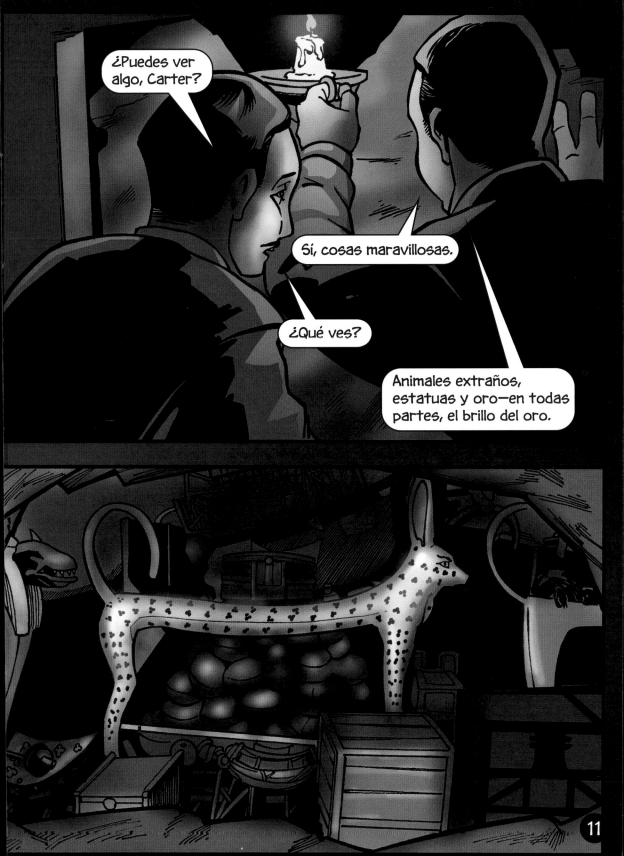

En febrero de 1923, los trabajadores penetraron otra puerta sellada en la tumba. Esta puerta los llevó a la cámara de enterramiento.

Mira este trabajo tan bello, Carter. Debe de haber tesoros increíbles adentro.

Sí, y la momia del Faraón Tut.

Estamos entrando dónde ninguna persona ha entrado desde que sepultaron al niño rey hace casi 3,300 años.

El mundo entero siguió los artículos diarios en los periódicos sobre la excavación de la tumba del Faraón Tut. Carter y Carnarvon se hicieron famosos.

¡Léelo todo! ¡Más tesoro encontrado en Egipto!

THE TIMES
CARTER FINDS TREASURE

14

El arqueólogo Hugh Evelyn-White había sido entre los primeros en entrar a la tumba. Se ahorcó después de escribir una nota suicida en su propia sangre.

El millonario George J. Gould se murió de pulmonía un día después de visitar la tumba.

El egiptólogo Georges Bénédite se murió después de haberse caído por las escaleras de la tumba.

He sucumbido a una maldición que me obliga a desaparecer

Las muertes extrañas continuaron. Se decía que aun más personas relacionadas con la tumba del Faraón Tut se murieron de una manera precipitada.

Luego, el 11 de noviembre de 1925, después de abrir cuidadosamente tres ataúdes de oro, uno dentro del otro...

Miren, la momia del Faraón Tut.

Cuando desenvolvieron la momia, encontraron una herida en la mejilla izquierda del Faraón Tut.

¡La herida en la mejilla de Tut está en el mismo lugar que la picadura de mosquito de Carnarvon!

Algunos tomaron este descubrimiento como otra prueba más de la maldición.

CAPÍTULO 4

¿MALDICIÓN O MITO?

Tanto Carter como Callender vivieron más de una década después de abrir la tumba de Tut.

Has hecho historia, Carter. Nadie jamás ha encontrado algo como la tumba del Faraón Tut. Y te escapaste de esa tonta maldición.

Te dije que esos chismes de una maldición eran ridículos. Nosotros conocíamos esa tumba mejor que nadie. Si hubiera una maldición escrita, nosotros lo habríamos visto.

Aun si la maldición no había afectado a Carter o Callender, algunas personas todavía creían en ella. Herbert Winlock, un experto del antiguo Egipto, se puso a probar que los que creían en la maldición estaban equivocados.

	Número de personas presentes	Número de personas que murieron dentro de 10 años
Apertura de la cámara de enterramiento	26	6
Desenvoltura de la momia	10	Ø

Los números no mienten, señores. La mayoría de las personas que se murieron eran mayores, o de poca salud. La única maldición que funciona aquí es la maldición de que todas las personas se mueren eventualmente. La vida mató a estas pobres personas, no la maldición de una momia.

Dejaron de escribir informes sobre los eventos extraños relacionados con la tumba del Faraón Tut. Pero de vez en cuando, una nueva historia se añadía a la leyenda de la maldición.

En 1966, Mohammed Ibrahim, el director de antigüedades de Egipto, soñó con que se enfrentaría a un gran peligro si los artefactos del Faraón Tut salieran de Egipto.

¡No! ¡Noooooo!

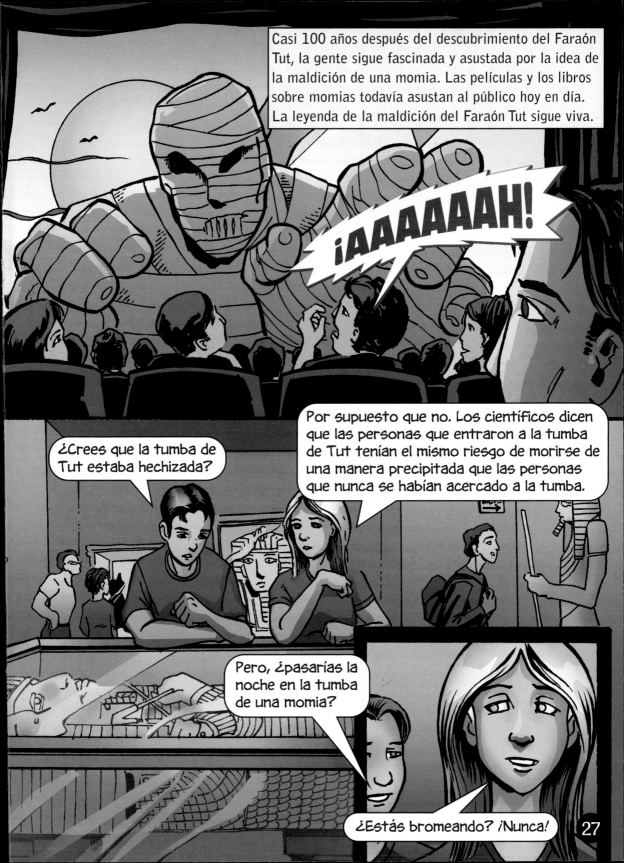

Casi 100 años después del descubrimiento del Faraón Tut, la gente sigue fascinada y asustada por la idea de la maldición de una momia. Las películas y los libros sobre momias todavía asustan al público hoy en día. La leyenda de la maldición del Faraón Tut sigue viva.

¡AAAAAAH!

¿Crees que la tumba de Tut estaba hechizada?

Por supuesto que no. Los científicos dicen que las personas que entraron a la tumba de Tut tenían el mismo riesgo de morirse de una manera precipitada que las personas que nunca se habían acercado a la tumba.

Pero, ¿pasarías la noche en la tumba de una momia?

¿Estás bromeando? ¡Nunca!

Muchas de las muertes de las personas conectadas con la tumba del Faraón Tut eran raras y misteriosas. No es de sorprender que estas muertes inexplicables fueron equivocadamente interpretadas como el resultado de una maldición. Un ejemplo es la muerte de Richard Bethell, el secretario personal de Howard Carter. El padre de Bethell, el lord Westbury, se suicidó al enterarse de la muerte de su hijo. El carro que llevaba el cuerpo del lord Westbury al cementerio atropelló y mató a un niño de ocho años.

El Faraón Tut fue enterrado en una tumba intencionada para otro. Los nombres de otros antiguos egipcios aparecen en muchos de los artefactos dejados en la tumba de Tut. Hasta uno de los ataúdes en donde él fue enterrado tiene el nombre de otra persona.

Los profanadores de tumbas probablemente entraron a la tumba de Tut poco después de su muerte. Los encontraron antes de que pudieran hacer mucho daño. Los sacerdotes enterraron la entrada a la tumba de Tut de nuevo, y permaneció enterrada hasta que Carter la encontró en 1922.

Howard Carter estaba más preocupado con sacar los tesoros de la tumba de Tut que con preservar al cuerpo. Carter partió al cuerpo de Tut en tres. Hoy en día, los restos de Tut descansan en su cámara de enterramiento original. Son protegidos cuidadosamente por el gobierno egipcio.

Howard Carter descubrió las momias de dos hijos del Faraón Tut en la tumba del faraón. Científicos creen que eran hembras.

Los científicos creen que algunas de las personas que entraron a la tumba de Tut murieron debido al moho u hongos que crecían en la tumba. Se han encontrado muchos tipos de bacteria nocivas en la Tumba del Faraón Tut.

Algunos científicos creen que el Faraón Tut fue asesinado. Sólo tenía 18 o 19 años cuando murió. Las radiografías de su cráneo indican que sufrió un golpe en la parte posterior de la cabeza. Fue enterrado muy rápidamente. El próximo gobernador intentó borrar la historia al eliminar a Tut de los registros de todos los documentos oficiales.

GLOSARIO

arqueólogo—un científico que estudia el pasado por medio de la observación de edificios y objetos viejos

artefacto—un objeto hecho por seres humanos que fue usado en el pasado; las herramientas y las armas son artefactos.

desprecio—una falta total de respeto

espíritu—se cree que es la parte de la persona que controla los pensamientos y las emociones; los antiguos egipcios creían que el espíritu dejaba el cuerpo después de la muerte y viajaba al más allá.

excavación—una búsqueda de restos antiguos enterrados en la tierra

exhibición—una exposición pública de obras de arte u objetos históricos

pulmonía—una enfermedad seria que dificulta la respiración

SITIOS DE INTERNET

FactHound proporciona una manera divertida y segura de encontrar sitios de Internet relacionados con este libro. Nuestro personal ha investigado todos los sitios de FactHound. Es posible que los sitios no estén en español.

Se hace así:

1. Visita *www.facthound.com*
2. Introduce este código especial **0736838333** para ver sitios apropiados según tu edad, o usa una palabra relacionada con este libro para hacer una búsqueda general.
3. Haz clic en el botón **Fetch It**.

¡FactHound te busca los mejores sitios!

LEER MÁS

Burgan, Michael. *King Tut's Tomb: Ancient Treasures Uncovered.* Mummies. Mankato, Minn.: Capstone Press, 2005.

Nardo, Don. *King Tut's Tomb.* Wonders of the World. San Diego: KidHaven Press, 2004.

Pemberton, Delia. *Egyptian Mummies: People From the Past.* San Diego: Harcourt, 2001.

Williams, Brian. *Tutankhamen.* Historical Biographies. Chicago: Heinemann Library, 2002.

BIBLIOGRAFÍA

Carter, Howard, and A. C. Mace. *The Tomb of Tut.ankh.Amen, Discovered by the Late Earl of Carnarvon and Howard Carter.* London: Cassell and Company, Ltd., 1923.

El Mahdy, Christine. *Mummies, Myth, and Magic in Ancient Egypt.* New York: Thames and Hudson, 1989.

Entering King Tut's Tomb, 1922. EyeWitness to History. http://eyewitnesstohistory.com/tut.htm.

King, Mike, and Greg Cooper. Discovery Channel: King Tut—Ask the Experts. http://dsc.discovery.com/anthology/unsolvedhistory/kingtut/experts/read.html.

Reeves, Nicholas. *The Complete Tutankhamun: The King, the Tomb, the Royal Treasure.* New York: Thames and Hudson, 1990.

Weintraub, Skye, Dr. Effects of Digestive Disfunction. http://www.femcentre.com/digestive1.pdf.

ÍNDICE TEMÁTICO